Nach den ab 1.8.2006 verbindlichen Rechtschreibregeln.

Bibliografische Information der Deutschen Nationalbibliothek
Die Deutsche Nationalbibliothek verzeichnet diese Publikation in der Deutschen Nationalbibliografie;
detaillierte bibliografische Daten sind im Internet über http://dnb.ddb.de abrufbar.

Redaktionelle Leitung: Katja Schüler, Eva Günkinger
Lektorat: Sophia Marzolff
Fachberatung: Ulrike Holzwarth-Raether
Herstellung: Claudia Rönsch
Layout und Satz: Michelle Vollmer, Mainz
Illustration Lesedetektive: Barbara Scholz
Umschlaggestaltung: Mischa Acker
Printed in Spain
ISBN: 978-3-411-70783-6

Lesedetektive

Auf der Suche nach dem verschwundenen Hund

Barbara Zoschke

mit Bildern von Ute Krause

Dudenverlag

Mannheim · Leipzig · Wien · Zürich

Jan und Lukas gehen
nach der Schule
gemeinsam nach Hause.
Auf der Straße treffen sie Frau Klein.
„Habt ihr Ella gesehen?“,
fragt sie aufgeregt.

Jan und Lukas schütteln den Kopf.
Sie haben den kleinen Hund
nicht gesehen.
„Ella ist spurlos verschwunden!“,
jammert Frau Klein.
Jan und Lukas schauen sich ratlos an.
„Hoffentlich wurde sie nicht entführt!“,
sagt Frau Klein verzweifelt
und eilt weiter.

Jan stupst Lukas an.
„Wir sind doch Detektive“,
sagt er. „Wir suchen Ella!“
„Vielleicht hat Hermann Lampe
Ella entführt“,
überlegt Lukas.
Jan nickt. „Bestimmt!“

Die Detektive finden
Hermann Lampe nämlich
schon lange verdächtig.
Sehr verdächtig.
Er läuft immer mit einer Tüte herum.
Was da wohl drin ist?
Er trägt immer dieselbe Hose,
obwohl sie Flecken hat.
Und immer schaut er nach unten
auf die Straße.
Als suchte er etwas.
Als suchte er Hunde.

1. Fall: Jan und Lukas finden Hermann Lampe verdächtig, weil er immer

nach oben schaut.

„Wir müssen Hermann Lampe
beschatten“, sagt Jan.
„Au ja!“, ruft Lukas.
„Wir beobachten ihn
und suchen Spuren“, meint Jan.
„Ohne Fernglas und Lupe?“,
fragt Lukas seufzend.
„Richtige Detektive
haben Spezialgeräte.“

nach unten
schaut.

nach hinten
schaut.

Jan bleibt stehen.
„Stimmt“, sagt er.
„So was haben wir leider nicht.
Aber egal – dann beobachten wir
ihn erst mal so.
Komm! Wir gehen zu Hermann Lampe.“
Lukas erschrickt:
„Aber vielleicht ist er gefährlich!“
Jan presst die Lippen aufeinander
und sagt trotzig: „Na und?“
Jan und Lukas laufen los.
Sie verstecken sich
hinter der Gartenmauer
von Hermann Lampe.

Das Haus von Hermann Lampe
ist klein und schief.
„Wie ein Hexenhaus“, flüstert Lukas.
Im Garten liegen Balken und Rohre,
Reifen und Kannen,
Nägel und Motoren.
Alles kreuz und quer.
„Wie ein Schrottplatz!“,
sagt Jan.

Lukas' Herz klopft. „Und jetzt?“
„Jetzt klingeln wir einfach“,
schlägt Jan vor.
„Wenn Ella im Haus ist, bellt sie.“
„Und Hermann Lampe?
Wenn er herauskommt?“,
fragt Lukas ängstlich.
Jan beruhigt ihn:
„Dann laufen wir weg.“

2. Fall: Wie sieht Hermann Lampes Garten aus?

wie ein Bauplatz

Die Detektive schleichen
an der Mauer entlang.
Jan drückt den Finger fest
auf die Klingel.
Dann huscht er zurück
hinter die Mauer.
Sie warten.
Alles bleibt ruhig.
Kein Hund bellt.
Hermann Lampe kommt nicht heraus.

wie ein Müllplatz

wie ein Schrottplatz

„Keiner da“, flüstert Lukas.
Sein Blick fällt
auf den Schuppen im Garten.
„Vielleicht ist Ella dort eingesperrt!“,
überlegt er.
Die Detektive schieben sich
durch das Gartentor.
Vorsichtig drückt Lukas
die Klinke vom Schuppen.

Die Tür springt auf.
Es riecht nach Gummi und Öl.
Die Detektive stehen
in einem Raum voller Werkzeug.
Es gibt Sägen, Äxte,
Hammer und Bohrer.
„Hier ist Ella nicht“,
sagt Lukas enttäuscht.
Plötzlich hören Jan und Lukas
Schritte hinter sich.

Erschrocken drehen sie sich um.
Da steht Hermann Lampe
direkt vor ihnen.
„Na, ihr Gauner“,
dröhnt seine Stimme.
„Was treibt ihr denn hier?“
Jan schluckt.
Kein Wort bringt er heraus.

Lukas atmet tief durch.
Dann sagt er mutig:
„Wir sind keine Gauner.
Wir sind Detektive."
„So, so", brummt Hermann Lampe.
Jan und Lukas schauen sich an.
„Bloß weg hier", denken sie.
Doch Hermann Lampe legt
jedem eine Hand auf die Schulter.
Groß und gefährlich fühlt sie sich an.

Dann fragt er:
„Wen oder was
sucht ihr denn,
ihr Detektive?“
„Einen Hund“, sagt Jan kleinlaut.
Und Lukas ergänzt:
„Ella, den Hund von Frau Klein.“
„Aha“, sagt Hermann Lampe.
„Ist das Hündchen also ausgerissen.“
Er lässt sich
auf einen alten Sessel fallen.

„Und nun?“

Er schaut die Detektive forschend an.

Jan und Lukas schweigen.

„Nun“, sagt Hermann Lampe,

„braucht ihr wohl Hilfe

von Erfinder Lampe.“

Hermann Lampe steht auf.

„An die Arbeit“, sagt er.

Aus sicherer Entfernung
beobachten Jan und Lukas,
wie Hermann Lampe
Bleche und Nägel zusammenträgt.
Dann stellt er sich an die Werkbank.
Er hämmert, feilt und poliert,
er schneidet, faltet und klebt.
Endlich dreht er sich um.

Jan und Lukas schauen gebannt
auf den Gegenstand in seiner Hand.
„Das ist ein Hunde-Such-Apparat“,
erklärt Hermann Lampe.
„Sieht aus wie ein Helm“, findet Jan.
Hermann Lampe lacht.
„Stimmt! Aber wie ein Spezialhelm!“
Jetzt erkennen die Detektive:
An dem Helm ist
ein Fernrohr befestigt.
An dem Fernrohr ist
eine Pfeife befestigt.
Und an der Pfeife ist
eine Leine befestigt.

Lukas setzt den Helm auf.
„Ich kann durch das Fernrohr schauen,
ohne es festzuhalten“,
ruft er begeistert.
„Und pfeifen!“
Er pfeift.
„Man hört ja gar nichts“,
sagt Jan enttäuscht.

3. Fall: Wo stellt Hermann Lampe seinen Apparat her?

an der Werkbank

„Das ist ja auch eine Spezialpfeife“,
erklärt Hermann Lampe.
„Sie erzeugt Töne,
die nur Hunde hören können.“
Jan und Lukas betrachten die Pfeife.
„Toll!“, sagen sie.

auf der Parkbank 

in der Postbank 

„Und die Leine?“, fragt Jan.
„Was soll die hier?“
„Das ist eine Duftleine.“
Die Detektive schnuppern an der Leine.
„Noch riecht sie nicht“,
sagt Hermann Lampe.
„Ihr müsst sie erst
hiermit einreiben.“
Er gibt Jan ein paar Hundekuchen.

„Und wie funktioniert der Apparat?“,
will Lukas wissen.
„Ganz einfach“, sagt Hermann Lampe.
„Einer setzt den Helm auf,
schaut durch das Fernrohr
und pfeift.“
„Und wenn der Hund kommt“, ruft Jan,
„legt der andere ihn an die Leine!
Die riecht so gut,
das geht ganz leicht.“

„Genau!“, sagt Hermann Lampe
und klopft auf den Helm.
„Der gehört jetzt euch.“
Jan klemmt sich den Helm
unter den Arm.
„Danke!“, sagen die Detektive.
Zum Abschied legt Hermann Lampe
ihnen wieder die Hand auf die Schulter.
Diesmal fühlt sie sich
leicht und warm an.

4. Fall: Warum haben Jan und Lukas keine Angst mehr vor Hermann Lampe?

Weil er eine schöne Säge hat.

„Bis zum nächsten Mal“,
rufen Jan und Lukas
und laufen aus dem Garten
zurück in ihre Straße.

Weil er ihnen Kuchen anbietet.

Weil er ihnen hilft.

Frau Klein steht vor ihrem Haus.
„Ihr habt Ella wohl
auch nicht gefunden“, seufzt sie.
„Noch nicht“, sagt Jan.
Dann setzt er den Helm auf,
schaut durch das Fernrohr
und pfeift.

Die Detektive warten.

Aber Ella kommt nicht.

„Pfeif noch einmal“, sagt Lukas.

Wieder passiert nichts.

„Komisch“, wundert sich Jan.

„Warum funktioniert das nicht?“

Da fällt es Lukas ein:
„Wir haben den Duft vergessen!"
Schnell reibt er die Leine
mit Hundekuchen ein.
Jan pfeift wieder.
Doch alles bleibt ruhig.
Frau Klein seufzt:
„Das klappt wohl nicht."

Sie will schon ins Haus gehen,
als Jan plötzlich ruft: „Da!“
Er zeigt die Straße hinunter.
„Ein Hund!“
Lukas kneift die Augen zusammen.
„Es sind zwei!“, ruft er.
„Nein, drei!“, lacht Frau Klein.
„Und Ella ist auch dabei!“

Die Hunde springen an den Jungen hoch
und schnüffeln an der Leine.
Frau Klein streichelt Ella liebevoll
und fragt: „Du warst wohl
mit deinen Freunden spazieren?“
Sie lacht und bedankt sich
bei Jan und Lukas.
„Das habt ihr toll gemacht.“

5. Fall: Wo hat Ella gesteckt?

Sie hat sich verlaufen.

Dann zeigt sie auf den Helm.
„Das ist ja ein verrückter Apparat!“
Jan und Lukas nicken stolz.
„Wenn Sie wieder mal Hilfe brauchen,
geben Sie uns Bescheid“, sagt Jan.
„Wir sind nämlich Detektive!“
Und Lukas ergänzt:
„Detektive mit Spezialgerät
von Erfinder Lampe!“

Sie war
mit ihren
Freunden
unterwegs.

Sie war
in einem
fremden
Garten.

Was sagst du dazu?

Warum schaut Hermann Lampe auf der Straße nach unten und warum trägt er immer eine Tüte mit sich?

Schreibe deine Geschichte auf und schicke sie uns! Als Dankeschön verlosen wir unter den Einsendern zweimal jährlich tolle Buchpreise aus unserem aktuellen Programm! Eine Auswahl der Einsendungen veröffentlichen wir außerdem unter www.lesedetektive.de.

Duden-Lesedetektive: Leseförderung mit System

1. Klasse • 32 Seiten, gebunden

- Finn und Lili auf dem Bauernhof • ISBN 978-3-411-70782-9
- Eine unheimliche Nacht • ISBN 978-3-411-70788-1
- Franzi und das falsche Pferd • ISBN 978-3-411-70790-4
- Ein ganz besonderer Ferientag • ISBN 978-3-411-70795-9
- Das gefundene Geld • ISBN 978-3-411-70799-7
- Amelie lernt hexen • ISBN 978-3-411-70804-8
- Das Picknick im Wald • ISBN 978-3-411-70809-3
- Die Schildkröte im Klassenzimmer • ISBN 978-3-411-70814-7
- Ein Bär reißt aus • ISBN 978-3-411-70815-4
- Neue Nachbarn für Ole • ISBN 978-3-411-70820-8

2. Klasse • 32 Seiten, gebunden

- Die Prinzessin im Supermarkt • ISBN 978-3-411-70786-7
- Auf der Suche nach dem verschwundenen Hund • ISBN 978-3-411-70783-6
- Emil und der neue Tacho • ISBN 978-3-411-70789-8
- Ein bester Freund mal zwei • ISBN 978-3-411-70796-6
- Eine Sommernacht im Zelt • ISBN 978-3-411-70800-0
- Das Gespenst aus der Kiste • ISBN 978-3-411-70805-5
- Ein blinder Passagier • ISBN 978-3-411-70807-9
- Ein Tag auf dem Pferdehof • ISBN 978-3-411-70816-1
- Lilli und die Riesenkrake • ISBN 978-3-411-70817-8
- Anna und der Meerschweinchenvampir • ISBN 978-3-411-70821-5
- Svenja will Windpocken haben • ISBN 978-3-411-70826-0

3. Klasse • 48 Seiten, gebunden

- Anne und der geheimnisvolle Schlüssel • ISBN 978-3-411-70787-4
- Eins zu null für Leon • ISBN 978-3-411-70784-3
- Viktor und die Fußball-Dinos • ISBN 978-3-411-70793-5
- Nelly, die Piratentochter • ISBN 978-3-411-70797-3
- Herr von Blech zieht ein • ISBN 978-3-411-70802-4
- Prinz Winz aus dem All • ISBN 978-3-411-70806-2
- Herr von Blech geht zur Schule • ISBN 978-3-411-70812-3
- Nelly und der Piratenschatz • ISBN 978-3-411-70818-5

4. Klasse • 48 Seiten, gebunden

- Der schlechteste Ritter der Welt • ISBN 978-3-411-70798-0
- Kira und die Hexenschuhe • ISBN 978-3-411-70803-1
- Die Inselschüler – Gefahr im Watt • ISBN 978-3-411-70808-6
- Betreten verboten! • ISBN 978-3-411-70813-0
- Zwei Jungs und eine Zicke • ISBN 978-3-411-70819-2
- Die Inselschüler – Der Fall Hampe • ISBN 978-3-411-70825-3

Ihre Meinung ist uns wichtig! Wie gefällt Ihnen dieses Buch?
Wir freuen uns auf Ihre Rückmeldung unter **www.duden.de/meinung**

Gefunden!
Knote den Streifen einfach
an das Lesebändchen an
und fertig ist deine Fingerabdruckkartei
für die Detektivfälle!
Für jeden Fall im Buch gibt es einen
Fingerabdruck in deiner Kartei. Diesen
Abdruck findest du bei der richtigen
Antwort im Buch wieder.